Poemario Ilustrado

Tren a Ninguna Parte

Dime Dans

Reconocimiento especial a Ventus

Dime Dans

DANIELA LOZANO

Daniela Lozano, es una escritora de nacionalidad peruana pero con el corazón chileno. Licenciada en marketing y publicidad, graduada en la Universidad de las Artes, Ciencias y Comunicaciones (UNIACC).

Emigró a Chile en el 2004, donde el contexto social la hizo devolverse por culpa de la xenofobia, la ignorancia y el racismo.

Desde los 8 hasta los 14 años vivió alejada de sus padres, donde su mami, Eva, fue su cuidadora y protectora.

A los 15 años vivió con su padre y siendo al fin, a los 17, emigró a Chile nuevamente para estar junto a su familia.

Actualmente, tiene 2 hermanos por los cuales daría la vida y a lo largo de los años en este hermoso país, ha vivido experiencias que se verán plasmadas en cada libro.

Emigrar nunca es fácil, hay que ser muy valientes y responsables, ya que seremos los representantes de nuestro país, en el lugar donde nos están dando la mano.

Nadie es profeta en su tierra y ella, es el ejemplo de esto.

Índice

Recuérdame

#MixPaQueLloresMientrasMeRecuerdas
Dime Dans

Recuérdame, como a la que dejas fluir
sus secretos en tu cama.
La que no paraba de temblar con cada
beso que le dabas.
Recuérdame desnuda, compartiendo
nuestros silencios y no hablo de estar
sin ropa en este preciso momento.
Recuérdame como ese grito desesperado
en susurro, que provocaba de todo
menos tristeza.
Simplemente, recuérdame como tú
quieras, como una canción o como un
libro, como una sonrisa o un quejido,
como una tortuga o como una estrella
de mar, como un dúo o como una solista
porque, cuando pienses en mí y en ti,
sonreirás.
Sonreirás, como la primera vez que te
dije que eras lindo, como la primera vez
que acaricié tu rostro, como la primera
vez que disfruté de tu cuerpo.
Porque al final, cuando pienses en mí
sé, que me extrañarás...

#MixPaQueLloresMientrasMeRecuerdas
Dime Dans

*Si de casualidad te preguntan por mí,
has caso omiso, te darás cuenta de que,
de tanto, jugar a olvidarme, ya me
habrás olvidado.
Que todo habrá sanado y que lo nuestro
sólo fue un lejano pasado.*

"Casualidad"

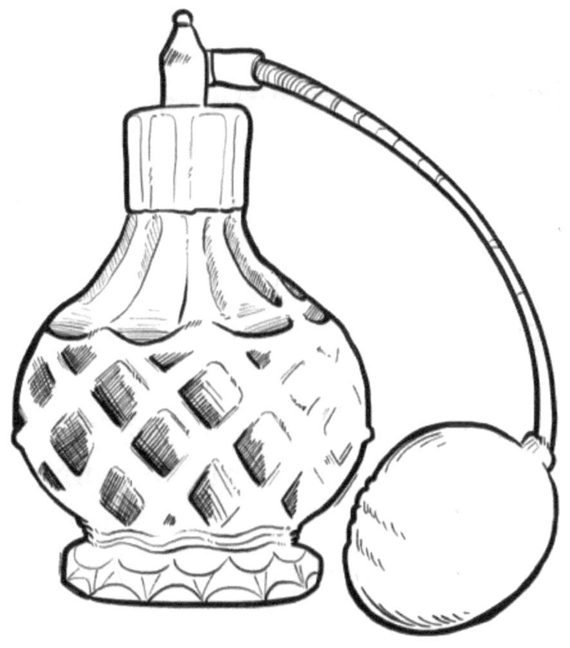

Perfume

#MixPaQueLloresMientrasMeRecuerdas
Dime Dans

Espero que las estrellas no iluminen tu
trayecto a casa, sólo para que no
puedas volver a sus brazos.
Espero que tus palabras se conviertan
en sus peores pesadillas, sólo para que
no puedas recorrer con tu dulce voz su
mente.
Espero que la luna se encargue de
recordarte todos los días, la mentira en
la que estás viviendo, con el fin de que
pierdas la cordura y me recuerdes.
Espero que algún día tu sonrisa
desaparezca, que tus ojos se apaguen y
su luz se desvanezcan, sólo para que te
des cuenta, que ella nunca fue la
correcta.
Espero, de verdad espero, que pronto
pueda dejar de escucharte en los
rincones, que pueda borrar tu nombre
de las canciones, que Janis deje de
sonar y que el blues deje de palpitar.
Sólo para decirte,
con todo el descaro del mundo,
que ya es demasiado tarde.

#MixPaQueLloresMientrasMeRecuerdas
Dime Dans

He dejado muchos historias y heridas atrás, muchas lágrimas ahogadas en el fondo de la almohada, que gritan, raspándome toda la garganta, sin encontrar una salida para poder escapar.

"Gritar"

Si llego a saber de ti

#MixPaQueLloresMientrasMeRecuerdas
Dime Dans

Si llegas a saber de mí, sólo sonríe.
No escuches las palabras que salen de
la boca de otros, ni siquiera de la mía.
No les creas que me vieron de la mano
con un par de amores, ni que ando
llorando por las esquinas balbuceando
tu nombre.
Porque en el transcurso del tiempo
todo se arregla, porque nunca supe
amarte como te lo merecías, porque
nunca entendí que el amor era un 90/10
y que sólo se ama al principio y lo
demás es costumbre, porque yo no era
ella.
Y nunca lo seré.
Cuando te hablen de mí, sabrás que la
vida continuó después de tu traición,
que nadie en este mundo merecía irse a
dormir sintiendo que no es suficiente.
Que tomaste mi felicidad como quien
toma una ducha y dejaste la llave
correr, hasta que se fue por el desagüe.
Si llegas a saber de mí, por favor, di que
no me conociste.

#MixPaQueLloresMientrasMeRecuerdas
Dime Dans

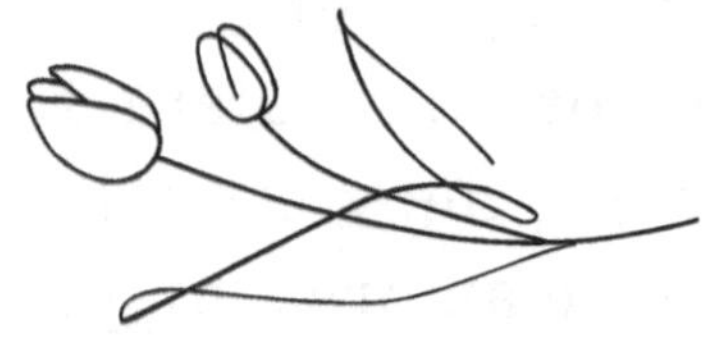

*Me rompiste de tal forma que no he
podido repararme.
Me llevó noches, días, incluso meses
poder decir adiós.
Adiós a ti y a la falsa idea de ti. Sobre
todo porque un día creí que eras el
correcto y yo era la equivocada.*

"Adiós"

#MixPaQueLloresMientrasMeRecuerdas | Dime Dans

Al cielo

#MixPaQueLloresMientrasMeRecuerdas
Dime Dans

Parece que fue ayer cuando el sol
brillaba al verte sonreír.
Parece que fue ayer cuando teníamos 8
y nos íbamos a jugar al Burger King.
Cuando éramos el trío inseparable todos
los viernes a las 4, cuando vivimos todas
esas aventuras en el patio y acababan
cuando las estrellas se iluminaban.
Como olvidar cuando fuimos una banda
o como olvidar cuando te corríamos del
cuarto, sólo porque no nos dejabas
jugar.
El sol se escondió esa noche y nunca
más volvió, creo que se perdió en el
camino, posiblemente no encontró la luz
Quizás mañana vuelvas.
Y yo, a miles de kilómetros de distancia,
pude sentir el llanto desesperado de tu
familia, de haberte perdido, de haberse
rendido.
Sé que no vendrás, pero, por favor,
vuelve, aunque sea por un sueño,
aunque sea por un minuto, porque no
pude despedirme,
Y ahora, ya no estás.

#MixPaQueLloresMientrasMeRecuerdas
Dime Dans

*Tú y yo tenemos una cita pendiente,
podemos llamarla "Austral" si quieres,
así, te darán ganas de beberme, más de
una vez.*

"Austral"

#MixPaQueLloresMientrasMeRecuerdas | Dime Dans

Pantalla Verde

#MixPaQueLloresMientrasMeRecuerdas
Dime Dans

Mientras el tiempo pasa y pierdes tu tiempo en brazos que no son los míos, yo sigo deseando, como el primer día, que vuelvas.
Quedé hecha un millón de trozos y aun así, estoy aquí, pensando en perderme, por no volverte a perder, sin embargo, tú decides avanzar, sin hacerle caso a nadie, sin oír razones, sin oír al corazón.
Otra vez, lo callas y lo dopas, haciéndolo creer que esto está bien, que esto es lo correcto, que esto es lo que tienes que hacer, porque así, sólo así, podrás olvidarme, pero, sabes que no es así.
Lo sabemos.
Dime cuántas veces harás el mismo juego, ¿hasta qué salga bien?, ¿hasta que no te tiemblen las piernas si escuchas mi voz?, o ¿hasta que no te den ganas de besarme si te veo a los ojos?
A veces deseo no haberte amado nunca, ¿sabes? Aún tenemos una cita pendiente aunque, no sé si valgas la pena.

#MixPaQueLloresMientrasMeRecuerdas
Dime Dans

*Algún día la luz nos volverá a reunir y es
por eso que dejaré encendidas las velas,
aunque, no sé cuanto tiempo duren
porque se puedan consumir y habrá que
cambiarlas.*

#MixPaQueLloresMientrasMeRecuerdas | Dime Dans

Érase una vez

#MixPaQueLloresMientrasMeRecuerdas
Dime Dans

Érase, una vez, un amor de mentira.
Rodeado de falsas promesas e
hipocresía.
Donde nunca hubo amor, al menos sólo
por una vía y no importaba quién diera
más, total siempre el mismo perdía.
Cada noche, por un largo verano, un
otoño y medio invierno, ella lo
esperaba, pensando que entraría por esa
puerta su amado, arrepentido por
dejarla ir,
Sin embargo, tuvo que pasar una
pequeña década, para entender que eso
sólo fue producto de su imaginación.
Así como su amor.
En este juego alguien sí amó, así como
también alguien usó.
El karma cada vez más le enseña que,
por buscar estrellas fugaces, se olvidó
que tenía la más grande iluminando su
vereda.
Como se dijo al principio del cuento,
alguien aquí sí amó, alguien esperó,
alguien luchó y ese alguien, fui yo.

#MixPaQueLloresMientrasMeRecuerdas
Dime Dans

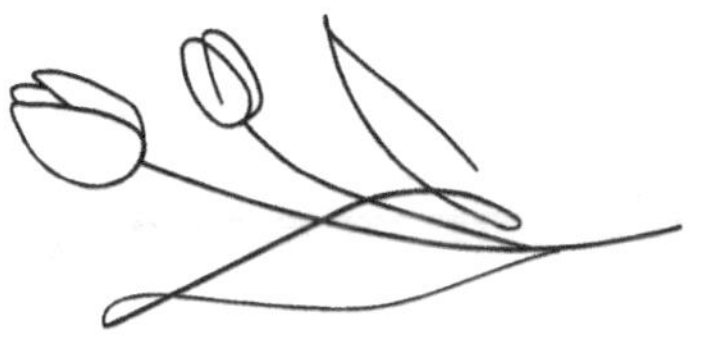

Tranquila mi amor,
que si no coincidimos en esta vida, nos
queda un par de décadas más para poder
ponernos al día.

"Una década"

Un día como hoy

#MixPaQueLloresMientrasMeRecuerdas
Dime Dans

En un día como hoy, apagaron mi luz,
bajaron mi telón y mi pantalón.
Destruyeron mi autoestima, aunque
realmente, no la tenía.
Me perdí en la niebla y nadie me
encontró, nadie me buscó, quizás,
quiero pensar, que nadie supo que
estaba perdida.
A veces la gente se engaña para no tener
que creer en la alternativa y esa era
aceptar que estaba destruida; que esa
tarde del miércoles me iba a perseguir
por el resto de mi vida, que los aromas
me transportarían y que la brisa fría del
día me haría temblar, pero no sería por
el frío, sino por el miedo.
Que las sombras me secuestrarían y yo
sólo quería llegar a la luz. Que yo vería
los días pasar, como los ve un preso con
cadena perpetua.
Pues sí, es cierto y fui obligada a fingir
que no había pasado nada, porque no
tuve el valor de afrontar la verdad y
cuando lo tuve, mi voz no fue
escuchada.

#MixPaQueLloresMientrasMeRecuerdas
Dime Dans

*Tuve que huir, para no tener que vivir
respirando el mismo aire que tú.
Te recuerdo, porque sé que la vida es
una desgraciada y ella sola se encargará
de hacer con sus manos, lo que la gente
no hizo por mí.*

"El mismo aire"

\#MixPaQueLloresMientrasMeRecuerdas | Dime Dans

Brillas

¿Te has puesto a pensar que el amor
puede borrar tu brillo?
A la única persona que le fallas una
promesa, es a ti.
Tienes tantas promesas incrustadas en
la piel, tantas, que las flores que
existían en tu jardín, ahora, son sólo
cenizas.
Por querer cuidarlo, te descuidaste,
tanto, que llegaste a olvidarte.
Te perdiste en todos esos recuerdos
falsos y palabras que querías oír.
Tanto, que no pudiste amortiguar el
golpe o quizás, tal vez no querías
defenderte.
Estás esperando algo que no va a volver.
Estás a la orilla esperando que venga a
salvarte, pero sabes perfectamente que
no llegará.
Tú eres la fogata en pleno frío, eres
agua en el desierto, eres el arcoíris
asomándose en las nubes, eres,
simplemente eres tú y él sólo es de
papel, un papel que necesita tinta para
tener algo de valor.

#MixPaQueLloresMientrasMeRecuerdas
Dime Dans

*Espero que te vaya muy bien sin mí, por
mi parte, fingiré amnesia y borraré cada
recuerdo de ti en mi mente y de mi piel.
Fingiré tanto que, realmente llegará el
día y te habré olvidado.*

"Amnesia"

#MixPaQueLloresMientrasMeRecuerdas | Dime Dans

Cristal

#MixPaQueLloresMientrasMeRecuerdas
Dime Dans

Es curioso como la vida da mil vueltas y
siempre te hace volver a mí, aunque
quizás, esta vez, me haga la difícil.
Me gustaría decirte que ya no me
tiemblan las piernas al ver tu nombre
en mis notificaciones.
Me gustaría decirte que ya no caigo
rendida frente a tus ojos.
Me gustaría no pensarte, no invocarte,
pero esta conexión divina me hace
dudar.
Me gustaría decirte que se acabó el
amor, pero lo que siento por ti va más
allá que una simple relación, siempre lo
supimos y es hora de aceptarlo. Estemos
con quien estemos, nos vamos a seguir
amando.
Supongo que el amor de tu vida no se
olvida y eso creo que lo hace tan
estúpidamente bonito, así que después
de mil interrogantes al recibir tu
mensaje,
Te escribo, con lágrimas en mis ojos que
rebotan a través del cristal.

#MixPaQueLloresMientrasMeRecuerdas
Dime Dans

*Conocerte, fue un dardo
directamente al alma, fue su dosis
de dopamina que mi corazón
necesitaba para volver a creer,
fue justo y preciso lo que no sabía
que quería, pero, me mentiste.*

"Infinito"

#MixPaQueLloresMientrasMeRecuerdas | Dime Dans

Lista Finita

#MixPaQueLloresMientrasMeRecuerdas
Dime Dans

Nos amábamos una tarde y al caer la
noche, ella te esperaba con rosas.
Ibas de su mano por la calle, mientras
mi llanto se fusionaba con la lluvia y
mis gritos de dolor se quedaba atorados
en mi pecho.
Mientras un viaje de dos horas y media
se sentían como 5 minutos, con los ojitos
hinchados y con las ansias vivas de
escapar, yo sólo quería llegar a casa y
fingir que nada de esto pasó.
Como cuando te pedí que te quedaras,
aún sabiendo que te irías a la primera
de cambio, como cuando me dijiste para
siempre, pero a veces eso sólo dura 2
años. Como cuando yo creía que podía
ser la indicada, pero, siempre estuve
equivocada.
Sabes, a veces me pregunto si sabes lo
qué es querer a alguien que no seas tú,
pero me rindo porque odio la respuesta
y con esto concluyo, sólo para hacer esta
lista finita.
Todo, absolutamente todo, se rompió.

#MixPaQueLloresMientrasMeRecuerdas
Dime Dans

*Ya es tiempo de volver a rozarnos las
manos, de volver a las llamadas a oscuras,
de cuidarnos, solas tú y yo, como antes,
como siempre.
No se nos agota el tiempo, pero sí se nos
acaba la fe.*

"Tiempo"

#MixPaQueLloresMientrasMeRecuerdas | Dime Dans

Hipocresía

#MixPaQueLloresMientrasMeRecuerdas
Dime Dans

"En las malas estaré" dijiste
Pero no sabía que estaba frente a él.
Te confieso que te confié mi vida y mis
secretos se convirtieron en armas, las
cuales usaste sin piedad y yo creyendo
que me protegerías hasta el final.
¿Qué ilusa verdad?
Tan tuya me sentía, que amaba todo de
ti, incluso tus malos antecedentes.
Te amaba tanto, que no veía el daño que
me estaba ocasionando, el hecho de ver
tus pecados como míos y normalizar
cosas que, para mí, antes eran
prohibidas.
¿Valía la pena perder muchos universos
de amor por sólo unos días?, ¿por qué
me mentías? ¿Es que acaso yo no era
suficiente para ti?
Tanto que gritabas al mundo, diciendo
que eras feliz, pero, había un poco de
palabra en tus mentiras.
Dijiste que jamás me lastimarías pero,
bueno.
En fin, la hipocresía.

#MixPaQueLloresMientrasMeRecuerdas
Dime Dans

*Debí decirte lo que siento al
mirarte a los ojos y no mentirte
como lo hice esa vez, debí decirte
que me encantan esos encuentros
causales y que me matas con ese
vestido gris.*

"Me Gustas"

#MixPaQueLloresMientrasMeRecuerdas | Dime Dans

Buen Viaje

#MixPaQueLloresMientrasMeRecuerdas
Dime Dans

La vida da giros inesperados, así que déjate sorprender.
Yo no tengo prisa, ¿y tú?
Tú, sólo baila en otros brazos, camina sobre los pies de alguien más, comparte risas, comparte sueños, comparte papas fritas, si es que así lo quieres.
Vive, ama, quiere a tantas personas puedas porque, quizás, algún día nos volveremos a encontrar y retomaremos dónde un día lo dejamos.
Quizás nuestras manos quieran rozarse, quizás incluso nuestros labios quieran cantar un rock bajo la luz de las estrellas, quizás queramos reírnos con videos tontos o quizás, simplemente, empecemos de cero y nos diremos: "Hey, ¿cómo te fue el día de hoy?", como dos completos desconocidos que se conocen más que bien.
Quizás, todo es un gran enigma que ni tú y yo lo sabremos hasta que pase, quizás, incluso sea nuestro hilo rojo pero, por el momento, buen viaje cariño.

#MixPaQueLloresMientrasMeRecuerdas
Dime Dans

*Quiero estar con alguien para que seamos
complicados juntos, alguien con quien
pueda compartir mis locuras, no sé, busco a
alguien con quien pueda escuchar un
delicioso blues acompañado de un vino o
quizás de una cerveza.*

#MixPaQueLloresMientrasMeRecuerdas | Dime Dans

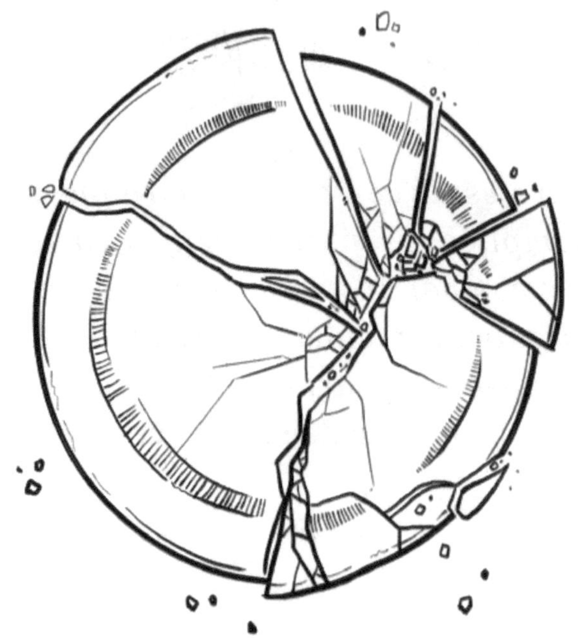

No fue así

#MixPaQueLloresMientrasMeRecuerdas
Dime Dans

Lo siento, debí llamarte.
Debí acercarme antes, quizás ya es muy tarde. Debí decirte que toda la culpa de esto, fue del primer beso.
Debí decirte que no he podido dejar de pensar en ti, en tu aroma y en lo suave de tu piel. Debí decirte que me encanta el tono de tu voz, sobre todo al despertar. Debí decirte que te ves hermosa, durmiendo y que tu rostro parece de un ángel, bajo esa luz tenue que entra por la ventana y rebota sobre ti. Debí decirte que te pienso todas las noches al acostarme, porque aún siento tu perfume entre mis sábanas. Aún te escucho cantando en el baño. Aún te siento al cerrar los ojos.
Debí decirte que me encantas, y que me estaba enamorando de ti.
Debí decirte que esa noche quería que te quedarás, en vez de dejarte partir.
Perdón.
Me hubiera encantado escucharte decir todo esto, pero, no fue así.

#MixPaQueLloresMientrasMeRecuerdas
Dime Dans

Decidi que ya era tiempo de volver a empezar, todo ya estaba muerto y lo que quedaba, eran secuelas de mi imaginacion. Del pedestal en el que estabas, te bajé. Simplemente, ésta era la última vez.

"Monumento"

#MixPaQueLloresMientrasMeRecuerdas | Dime Dans

Fuimos

#MixPaQueLloresMientrasMeRecuerdas
Dime Dans

Parece que tú crees que soy un motel.
Entras y sales de mi vida, como si
pagaras por horas y después,
desapareces para volver con alguien
distinto cada vez. Para después vernos
hasta el próximo mes, cuando recuerdas
que me amas, cuando ella se muda a
otra cama.
Parece que dejaste nuestro amor justo
en la puerta, cuando ella llegó con sus
maletas.
Se te olvidó el pequeño detalle por el
cual estamos aquí, en el cual decías, *yo
te esperaré*, pero según tú esperaste
tanto que, cuando volví tus labios ya no
tenían sabor a mí.
¿No decías que yo era la primera? Al
parecer ni siquiera estuve en carrera.
Me imaginaba un mundo junto a ti,
desafiaba los closets por ti y aún así, tú
tenías razón, nunca fuimos nada.
Tu corazón nunca fue mío, tus promesas
nunca tuvieron mi nombre y yo, sólo fui
un falso hilo rojo.
Se sentía tan real que casi me lo creí.

#MixPaQueLloresMientrasMeRecuerdas
Dime Dans

Tu corazón nunca fue mío, tus promesas nunca tuvieron mi nombre y yo, sólo fui producto de una imaginación, un falso hilo rojo que creía real, fue tan real que casi me lo creí, pero hoy, te digo adiós.

"Hilo rojo"

La Culpa

#MixPaQueLloresMientrasMeRecuerdas

Dime Dans

Está bien, lo acepto, acepto que cometí errores. Acepto que no te valoré lo suficiente.

Acepto que no pude entregarte lo que estabas esperando de mí, acepto que me hayas dejado por otra persona, porque no luche por ti, acepto que no eras tú, sino yo.

Acepto que no me hice el tiempo, que no fuiste mi prioridad, que no te di el lugar que merecías. Acepto que te fallé, que todas las promesas que te hice no las cumplí, que te falte el respeto en muchas ocasiones, que te he mentido, que he aprovechado cada una de las oportunidades para serte infiel, porque así soy yo, siempre he sido así y no voy a cambiar.

Una frase que te ha de resultar bastante familiar. Creo que todo esto te sonará, quizás, por tu mente, mis palabras algo moverán, pero, acepto toda la culpa, como siempre, de todo lo que tú has hecho.

#MixPaQueLloresMientrasMeRecuerdas
Dime Dans

*Y con el llanto en los ojos,
pidiéndole a Dios que me quitara
este dolor, te deseé lo mejor,
¿ironía no? Todo esto ya estaba
escrito, todo esto ya lo sabías,
pero decidiste fingir.*

"Lo sabía"

No es conmigo

#MixPaQueLloresMientrasMeRecuerdas
Dime Dans

Desde aquí puedo ver tu sonrisa a través de las fotos, puedo ver como tus besos ahora tienen su nombre.
Que las noches de karaoke son muy divertidas junto con la guerra de comida.
Que las risas no han faltado y que has encontrado todo lo que habías anhelado junto a ella.
Que ahora a ella le llevas flores, todas las tardes, sin falta, sólo porque adoras ver como sus ojitos se llenan de alegría, porque a ella nunca le habían dado detalles así de bonitos. Que ahora velas sus sueños y que ella es el motivo por el cual esperas que acabe la jornada para verla.
¿Sabes? Sí me duele.
Ya es tiempo de dejar de intentar encontrar una respuesta para poder entender el porqué te fuiste.
Duele porque tú nunca me has querido.
Duele, porque todo eso que haces ahora, ya no es conmigo.

#MixPaQueLloresMientrasMeRecuerdas
Dime Dans

No quiero que vuelvas, ni tampoco que regreses, pese a que existe un gran vacío, no necesito que tú lo llenes, ya que nunca ocupaste un lugar en él.

"Alma"

A.M.O.R

#MixPaQueLloresMientrasMeRecuerdas
Dime Dans

Alguien llegó.
Una especie de llama me invadió.
Poco a poco fue llenando de luz mi vida,
incluso en mis recodos más oscuros.
Su voz me abrazaba cada noche, incluso
cuando tenía frío.
Su mano cuidaba de mí, su mirada
curaba todas mis heridas.
Ella era una maravilla, un ángel, la
luna, ella era todo lo bello de este
universo.
Era el motivo para volver a cantar, la
razón para volverlo a intentar.
Yo tenía ganas de darle todo mi
corazón, no la mitad.
Ella era mi verdad, ella era lo que
pedía.
Era tan colorida y yo, era tan gris, era
esa rosa que creció del rocío y tiene un
brillo espectacular.
Ella era ese milagro que nunca creería
que sucedería, yo no la merecía.
Ella, era eso que llaman amor.

#MixPaQueLloresMientrasMeRecuerdas
Dime Dans

A veces creo que te debo algo, que te debo el hecho de devolverme la vida, no sé, llegaste justo cuando ya no la tenía, me la habían robado, me habían robado todo, hasta el último suspiro y me amaste igual, quizás por eso sigo aquí.

´"Última vez"

Todo Pasa

#MixPaQueLloresMientrasMeRecuerdas
Dime Dans

No sé, siento que a veces llega alguien.
Ese alguien que te habla del universo,
de lo lindo que te ves cuando sonríes.
Que eres perfecto, tal y como eres, que
no le importa si tienes mil y un
fragmentos regados de ti por esta vida,
que, aunque tengas un enorme caos en
tu ser, esa persona decida quedarse y te
diga que su día cambia al hablar
contigo.
Sí, lo sé, estás pensando en alguien.
Créeme, yo también y también entiendo
que de un momento a otro extrañas
hablarle, saber de su día, de cómo le
fue o que simplemente tienes ganas de
saber como amaneció.
Sí, suena casi perfecto, pero, da miedo.
Yo tengo miedo.
Me da miedo enamorarme de ti, pero,
me embarga la intensidad y me nubla la
forma hermosa en la que me miras.
Porque al final, todo pasa, incluso el
miedo y sería un verdadero placer, si
con el pasar de los días, me rompieras
el corazón.

#MixPaQueLloresMientrasMeRecuerdas
Dime Dans

Sólo espero que el efecto comience a tomar
su curso para poder cerrar mis ojos y sanar
cada herida que aún queda en mí.
Un día a la vez, y cuando llegue el
momento, volveré a ser yo.

"Volveré"

Nada

#MixPaQueLloresMientrasMeRecuerdas
Dime Dans

Supongo que es imposible olvidarse de
la nada, cuando ha significado todo,
quizás fue una insinuación o una señal
para decirme que aún estás esperando
por mí, pero, todo estará bien.
Aunque estés en otro corazón, en otra
mente o en otra piel, todo estará bien.
Sé que duele y si te reconforta, a mí me
duele el doble.
Y aunque digas que no, te pido por favor
que sigas, que no te aferres a mí, que
seas feliz, que ames, que entiendas que
todo pasará y yo, sólo seré producto de
un vago recuerdo. Una herida que, como
otras tantas, sanará y se disipará en tu
piel. Créeme, todo va a estar bien.
Llegará el día en que me agradecerás y
sólo ahí sabrás el porqué de mi partida,
me fui sin pensarte, me fui sin mirar
atrás, me fui al verte con otra.
Simplemente, me fui, porque sabía que
todo saldría bien y que el significado
que tiene la nada, se perdería como si
nada cuando intentes recordarlo.

#MixPaQueLloresMientrasMeRecuerdas
Dime Dans

Mientras el alcohol penetra lentamente en mis venas, intentando ahogar los recuerdos en una cama distinta cada fin de semana, tú estarás leyendo este mix, pa que llores mientras me recuerdas.

"Un mix"

Primera Vez

#MixPaQueLloresMientrasMeRecuerdas
Dime Dans

Creo que me equivoqué, es difícil
aceptarlo, pero, estoy hundida en esto.
Me subí a un barco de alcohol y terminé
vomitando en una esquina toda la
sinceridad que venía guardando.
Quizás no fue mi mejor idea, quizás no
lo pensé bien, pero, ya estaba cansada.
Cansada de estar a tu espera, cansada de
tener que justificar tu falta de interés al
salir de tus 4 paredes.
Cansada de sentirme usada. Sí, así me
sentí. Utilizada. Estábamos sin estar,
jugábamos sin jugar, mientras yo me
enamoraba, tú te enrolabas, mientras yo
te amaba, tú sólo te deslizabas.
Estaba apostando a la ruleta rusa
sabiendo que tenía todas las de perder.
Mil dudas pasando por mi cabeza y al
final, supongo que nunca me viste. sólo
me desvestiste.
Y aunque intenté descifrarte, con todas
las de la ley, no lo logré.
Así que sí, realmente me equivoqué,
Aunque, no sería la primera vez.

#MixPaQueLloresMientrasMeRecuerdas
Dime Dans

No estuve mirando a nadie más, sólo por estar mirándote y lo peor es que tú ni siquiera me mirabas, ni por casualidad, ni por error, aunque me hacías creer que sí Tomaste de mí, todo lo que querías, la experiencia en ti, desde lejos se veía, pero aún así, me atreví a todas por ti.

"Mentías"

Fugaz

#MixPaQueLloresMientrasMeRecuerdas
Dime Dans

Nadie sabe cómo me siento, nadie sabe
que me estoy muriendo.
Que me pierdo, que no quiero.
Mucho gusto, me presento, soy a la que
besan sin compromiso, a la que a solas
les dicen te quiero y en público, si te vi
no me acuerdo.
Soy la compañía del fin de semana, la
escapada después del trabajo, la que a
las 12 se va, en un taxi a la mitad de la
noche, como una dama de compañía,
porque no me puedo quedar, porque
quizás hay alguien más. Soy la que
merece cosas lindas, pero nadie se las
da. Soy, la *"no quiero nada serio, pero
me encanta pasar tiempo contigo"*
Soy, a la que le ganan los sentimientos y
se enamora de un trueno, a la que le
advierten que perderá y aún así cree
que va a ganar.
Me cansé de ser una estrella fugaz, mi
corazón está a puertas de estallar, pero
estoy aquí, lista para soportar porque,
¿a quién le puedo mentir?
Sí, me enamoré de ti.

#MixPaQueLloresMientrasMeRecuerdas
Dime Dans

*Cuando te fuiste, recorrí un
inmenso bosque lleno de frío y sin
protección ni abrigo.
Navegue en el mar de tu olvido
viendo como mi dolor te causaba
felicidad.*

"Rota"

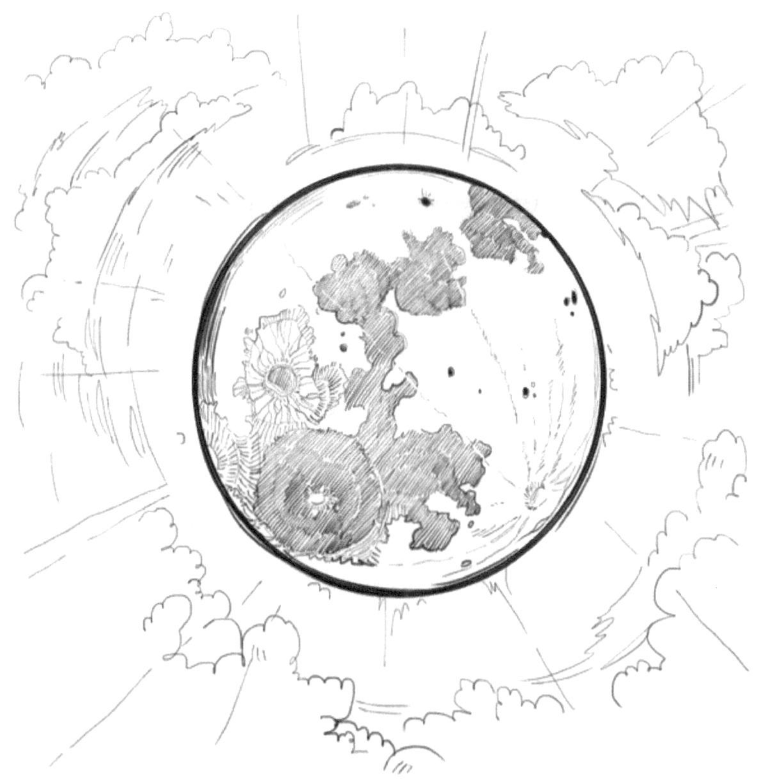

Fin del mundo

#MixPaQueLloresMientrasMeRecuerdas
Dime Dans

Es curioso cómo puedo ver el final y aún
ni siquiera hemos empezado, hay cosas
más oscuras, pero seguimos pensando
que el cielo no es un freno.
Mientras se buscan excusas para que
ocurra lo intangible, mientras buscamos
falacias para evitar la verdad.
Aunque, tú y yo sabemos que nada es
para siempre, ¿me pides que me
enamore justo en el fin del mundo?
Esto está mal, pero me haces sentir tan
bien, pensar en ti me satisface, pero aún
hay cosas que no me dejan dormir, así
que antes de terminar quiero pedirte un
favor.
Recuérdame colorida, espontánea y
radiante, egocéntrica e intimidante,
feliz y derrotada, todo al mismo tiempo.
Recuerda los momentos encendidos, de
esos que tú y yo nunca tuvimos,
recuérdame aunque sea una mentira.
Sé que con el pasar del tiempo mirarás
hacia atrás y pensarás en eso que nunca
tuvimos y en todo lo que pudimos ser.

#MixPaQueLloresMientrasMeRecuerdas
Dime Dans

Juro que si me permites ver tus ojos por última vez, podría morir feliz, ya que no quisiera ver otra cosa, porque no existe nada más maravilloso por ver.

"Universo"

#MixPaQueLloresMientrasMeRecuerdas | Dime Dans

La Correcta

#MixPaQueLloresMientrasMeRecuerdas
Dime Dans

Ella era una estrella, la primera que vez
en el cielo y le pides un deseo.
Esa era ella.
Mis traumas le hacían el quite a todo su
cariño, ellos no lo entienden, no lo
pueden procesar, se les hace difícil
entender que existe la honestidad y el
respeto en una misma persona.
Ella quería cosas que yo no podía darle,
al menos no de la forma en la que ella
anhelaba.
Se me hacían justos los petitorios, y
aunque lo intenté, no fui suficiente.
Ella nunca entendió mi forma de amar,
sé que quizás no era la correcta, pero
era lo que podía.
Sus ojos me lo pedían, pero, los
fantasmas me perseguían y me dejé
llevar a la orilla del barranco para que
me tiraran al vacío.
Supongo que éramos las personas
correctas en el momento equivocado.
Y no lo pude evitar.

#MixPaQueLloresMientrasMeRecuerdas
Dime Dans

Supongo que amar a alguien es complicado, supongo que decidir arreglar algo es más difícil que comprar algo nuevo. Supongo que hay más opciones, más enteras, menos defectuosas. Supongo que, pasar la página no es fácil, sobre todo si tienes los marcapáginas incrustados en el papel.

"Se supone"

#MixPaQueLloresMientrasMeRecuerdas | Dime Dans

Karma

#MixPaQueLloresMientrasMeRecuerdas
Dime Dans

Nos tuvimos tantas veces, que fue
inevitable no sentir.
Me he perdido tantas veces, que esta, no
la vi venir.
La incertidumbre del "Qué somos", ha
logrado penetrar perfectamente en mi
alma, pero, lo curioso es que no me ha
hecho brotar ninguna lágrima.
Mi prudencia se vio en jaque y quedó en
mate al enterarme de que para ti todo
fue un juego.
Quizá, si lo hubiera sabido antes no
estaría tan deshecha.
Quizá, el recuerdo de ti no sería tan
decepcionante.
Quizás, también habría jugado yo.
¡Cuidado! No te confundas, no quiero
que te quedes, no necesito un calienta
almohadas.
El tiempo hizo contigo, lo que yo no
pude, te agarró el karma y lo
disfrutaste, creyendo que era lo
correcto, pero, al final y como siempre,
volviste a mí.

#MixPaQueLloresMientrasMeRecuerdas
Dime Dans

Quizás no fui un tiempo perdido, quizás cuando vuelvas, ya me habré despedido de tus recuerdos y de tus silencios.

"Quizás"

La Canción

#MixPaQueLloresMientrasMeRecuerdas
Dime Dans

Y... Me besó.
Y aunque sabía que lo nuestro no era posible, correspondí a ese beso.
Nunca había vibrado tanto por un beso.
Fue como si de verdad en algún momento él fuera a quererme, como si me quisiera para algo más, como si existiera una mínima posibilidad de un futuro juntos. En mí surgió una idea ilusa de ser un para siempre.
Me equivoqué.
Así como me equivoqué con la canción, esa que creía que era nuestra, la que coreaba al unísono mientras él la tocaba, debo admitirlo, quería ser esa guitarra.
Esa guitarra que lloraba todo lo que yo sentía en ese momento. Yo anhelaba que en mi canto él pudiera encontrar todo lo que mi corazón callaba.
Supongo que no lo logré.
Porque quizás, para él fue sólo una canción, pero, para mí, fue una asesina confesión.

#MixPaQueLloresMientrasMeRecuerdas
Dime Dans

Te mereces el universo entero ¿Lo sabías?
Sin embargo, estás aquí, mirándome a los
ojos, reafirmando que me amas, como si no
existiera nadie más en el mundo.

"Solos"

#MixPaQueLloresMientrasMeRecuerdas | Dime Dans

¿Y si resulta?

#MixPaQueLloresMientrasMeRecuerdas
Dime Dans

Yo prometí no enamorarme de ti, de
verdad, lo intenté.
Pero, eran las 2 de la mañana,
hablábamos de todo y de nada.
Con un par de cervezas en el velador,
que dejamos justo después de hacer el
amor.
Estabas junto a mí, bajo la luz de las
estrellas y de los pocos edificios que se
desvelaban con nosotros.
Me volví a sentir feliz, después de tanto
tiempo.
Eran las 3 de la mañana y no parábamos
de reír, supe que estaba enamorada de
ti, cuando en vez de perderme en tu
cuerpo me perdí en tus ojos y en la
forma en la que te expresas cuando
hablas de cosas que te apasionan.
Y me enamoré de ti, como si nunca antes
me hubieran lastimado, como si me
hubieran reseteado el corazón, como si
todo empezara desde cero y aunque
estaba clara que yo era algo pasajero,
me preguntaba ¿Y si resulta?.

#MixPaQueLloresMientrasMeRecuerdas
Dime Dans

*Te marchaste y contigo te llevaste
mi alma, pero, al final lo único
que deseo es llegar a encontrar a
alguien, a alguien como tú, pero,
que esta vez, no me deje, no se
vaya, no se aleje.*

"Como tú"

#MixPaQueLloresMientrasMeRecuerdas | Dime Dans

Ayer

#MixPaQueLloresMientrasMeRecuerdas
Dime Dans

Así que, aquí estamos otra vez, ganó la
incertidumbre y el amor quedó en el
ayer.
No hace falta que me mientas esta vez,
ya que, lo sé.
Te irás y no seré yo la que vaya a
detenerte.
Estoy tan acostumbrada a perder, pero
de ti, no me lo podía creer.
Parece que me pasó otra vez, me siento
en un pueblo sin ley.
Pensé que lo que decían de ti era cruel,
pero me dejaste más destrozada que la
última vez.
Parece que el amor de mí se fue.
Aunque, aquí entre tú y yo, quería que
fueras aquel.
Fuiste un pecado, un mal querer.
Prometiste cosas que no podías siquiera
pensar en cumplir.
Dijiste palabras intensas, sin sentir.
Pero, me pregunto ¿Para qué decidiste
reparar mi corazón si jamás pensabas
en darme el tuyo?.

#MixPaQueLloresMientrasMeRecuerdas
Dime Dans

*Una historia sin fin, que otra vez se vuelve
a reproducir, como un disco que se rayó
justo en el momento en el que comenzó a
sentir amor.*

"Disco rayado"

#MixPaQueLloresMientrasMeRecuerdas | Dime Dans

Miénteme

#MixPaQueLloresMientrasMeRecuerdas
Dime Dans

Hace tiempo que no sé de ti, lamento hablar a estas horas, pero, me surgió una duda ¿estarás bien?. ¿Pensarás en mí?. ¿Aún conservas las estrellas que te regalé? Lo siento, he estado bebiendo un poco, quiero intentar borrar tu recuerdo. Sin embargo, me pregunto ¿cómo puedes borrar algo que nunca pasó?. ¿Cómo puedo quitar todos esos momentos, si sólo fue producto de una confusión?, ¿cómo puedo quitarme este dolor?
Sí fui yo, sólo yo la que se lo causó.
Sé que soy un desastre en este momento. Pero, me estoy enamorando de ti y si me permites, puedo hacerte un poquito más feliz.
Por favor no digas nada, por favor no. Si vas a decir algo, di que me quieres, aunque sea mentira, aunque sepa perfectamente que no es así.
Por favor miénteme, al menos sólo por esta noche, regálame ese último recuerdo de ti.

#MixPaQueLloresMientrasMeRecuerdas
Dime Dans

Eres ese vino, que ya no pienso beber y fíjate que me encanta el alcohol.

"Alcohólica"

Spoiler

#MixPaQueLloresMientrasMeRecuerdas
Dime Dans

El amor cambió, te cambió.
Creí que al fin había huido de mi
pasado, pero fuiste tú, el que me
prometió llevarme a ver las hadas, sí,
tú, pero no fue así.
Fuiste tú el que me recordó una y otra
vez con todas y cada una de tus
acciones, el dolor que sentí junto a los
amores falsos.
Tú, el que me robó el alma, el que me
tuvo en tus manos, al que le entregué
todos y cada uno de mis pedazos.
Pensé que si yo te amaba mil, tú me
amarías igual. Que si yo caía tú estarías
ahí para ayudarme.
Creí que, si yo te daba la oportunidad de
rectificar tu error, me demostrarías
todo lo que yo significaba para ti, pero,
fui una tonta por creer que lo harías.
Pero fue mi culpa, lo sé, por esperar
algo de ti, cuando tú ni siquiera eras
capaz, de venir por mí. El problema son
las expectativas, eso solías decir.
¿Y sabes qué es lo peor? Que en el
fondo, yo lo sabía.

#MixPaQueLloresMientrasMeRecuerdas
Dime Dans

*Van varias veces que me he topado con
gente que se parece a ti, y sí, estoy jodida
de miedo, mis latidos se aceleran, empiezo
a sudar en frío, intento alejarme lo más que
puedo y me quedo helada, paralizada, como
todas esas veces que quería huir y mi
cuerpo no me dejaba
Realmente tengo miedo.*

"Miedo"

Inmensidad

#MixPaQueLloresMientrasMeRecuerdas
Dime Dans

Nadie me escuchaba, por más que
rezaba, nadie me veía, aunque estaba
rodeada de gente.
Yo había agotado el deseo de todas las
primeras estrellas de mi ventana.
La vida me veía resignada, por cada
cabeza vacía que me encandilaba.
Sin embargo, algo inexplicable pasó,
conocí a alguien que me hizo olvidar mi
nombre.
Lo conocí un día, donde estaba
totalmente desnuda, nada me protegía,
nada me cubría, ni siquiera yo.
Lo conocí un día, donde mi alma y mi
corazón se habían ido de viaje, en
búsqueda de mi mente para encontrar la
razón.
Lo conocí y recordé cómo sonreír
Lo conocí y fue allí cuando entendí la
frase *"el tiempo de Dios es perfecto"*.
Llegar hasta aquí fue muy denso, sin
embargo, lo volvería a repetir, tan sólo
para volver a coincidir.
Quizá es muy pronto, pero, él me hizo
creer que existe un para siempre.

#MixPaQueLloresMientrasMeRecuerdas
Dime Dans

Ahora, un poco más sobria que ayer, puedo entender que no podías darme lo que yo pedía y ¿sabes por qué?, porque simplemente no lo tenías.

"Sobria"

Mina de Oro

#MixPaQueLloresMientrasMeRecuerdas
Dime Dans

A veces, sólo quiero volver ahí,
Donde el miedo ni el dolor existían,
dónde bastaba sólo un domingo para ser
feliz.
Donde los lunes no eran tan malos,
donde la sopita de choros no sabía tan
mal.
Donde escuchaba a mamá cantar junto a
Selena, dónde jugar a las luchas con
papá era parte de nuestros días.
Donde se podía bailar al son de un par
de cucharas.
Donde no habían seres malos
lastimando mi integridad.
Donde papá era tan grande, que podía
llevarme en sus hombros.
Yo, quiero volver a ese lugar, al que uno
regresa cuando está por rendirse.
Al que uno busca cuando ya no
encuentra dónde ir.
Ese momento mágico que te transporta
hacia el lugar más maravilloso, ese al
que algunos le llaman vida, pero yo, le
llamo "mi pequeña mina de oro".

#MixPaQueLloresMientrasMeRecuerdas
Dime Dans

Espero que tu Dios no escuche mis plegarias, que jamás se entere de mis palabras y que nunca conteste mis llamadas, así quizás, al fin pase algo y ese algo te haga gritar mi nombre entre sus silencios.

"Plegarias"

Mis pensamientos para ti

*Con amor para ti, que confiaste en mí
incluso cuando yo no lo hacía.
Quiero decirte unas palabras, desde lo más
íntimo de mi corazón y espero las recibas
con todo el respeto del mundo:
Sólo tú sabes lo difícil que es seguir aquí y
estoy profundamente orgullosa de ti.
Todo lo que has logrado, es maravilloso,
nada, absolutamente nada es demasiado
pequeño para ti, porque tú lo puedes todo,
pero no con todo a la vez.
Eres increíble y te abrazo con muchas
ganas.
Espero verte y agradecerte en persona el
cariño que me estás brindando.*

#MixPaQueLloresMientrasMeRecuerdas | Dime Dans

En segundo lugar, quiero agradecer a mi familia.
Decirles que estoy muy orgullosa de ellos, porque sé, que con las herramientas que tenían hicieron lo mejor que podían.
Decirles que sé lo difícil que fue separarnos, que a pesar de que los recuerdos que tenemos de antes son escasos, ahora, la vida se encargó de recompensarnos de una u otra forma.
Tanto, que antes estando juntos estábamos separados, tanto, que antes estábamos a 2964 kilómetros de distancia y ahora, sólo estamos a 10 minutos caminando.

#MixPaQueLloresMientrasMeRecuerdas | Dime Dans

Y por último, pero no menos importante:
Agradezco a la persona que ha estado
conmigo desde el principio, a la que nunca
se rindió, a la que jamás me dejó sola
incluso cuando todos lo hacían.
Agradezco que te quedaras y que buscaras
en la escritura un refugio ante toda las
injusticias que te estaban ocurriendo.
Gracias por darme la fortaleza de
aguantar, de sonreír, de resistir y de
seguir.
Gracias por ayudarme a ser mi mejor
versión cada día.
Gracias, muchas gracias por esperar.

A ti, Dani chiquita, este libro es para ti.

Obra intelectual: Daniela Lozano Herrera
Ilustraciones: Flavio Rubio Ugarte
Edición: Daniela Lozano Herrera
Portada: Flavio Rubio Ugarte
Derechos totales: Daniela Lozano Herrera

 @dime_dans
@ventus140

ISBN: 978-956-414-671-3
Impreso en Chile
Primera edición en Chile: Julio 2023
Maquetación: Daniela Lozano Herrera
Imprenta: Empastes Lázaro

#MixPaQueLloresMientrasMeRecuerdas | Dime Dans